花开有时

李智坤 著

知识产权出版社
全国百佳图书出版单位

图书在版编目（CIP）数据

花开有时 / 李智坤著. —北京：知识产权出版社，2017.6
ISBN 978-7-5130-4982-5

Ⅰ.①花… Ⅱ.①李… Ⅲ.①作文—小学—选集 Ⅳ.①H194.4

中国版本图书馆CIP数据核字（2017）第129706号

内容提要

本书是李智坤同学用稚嫩的笔记录下来的文字，简单、真实，带着平淡的感动。这本书带着我们走进小作者的世界，跟着他一起感受童年的幸福和生活的美好。本书创作形式新颖，既是一本优秀的作文集，又是小作者真实生活的写照，既能引起孩子们的共鸣，又能给老师、家长以启发。

责任编辑：李娟　　　　　　责任出版：刘译文

花开有时
HUA KAI YOU SHI

李智坤　著

出版发行：知识产权出版社有限责任公司	网　址：http://www.ipph.cn
电　话：010-82004826	http://www.laichushu.com
社　址：北京市海淀区西外太平庄55号	邮　编：100081
责编电话：010-82000860转8689	责编邮箱：aprilnut@foxmail.com
发行电话：010-82000860转8101/8029	发行传真：010-82000893/83003279
印　刷：北京中献拓方科技发展有限公司	经　销：各大网上书店、新华书店及相关专业书店
开　本：880mm×1230mm　1/32	印　张：5.5
版　次：2017年6月第1版	印　次：2017年6月第1次印刷
字　数：100千字	定　价：25.00元

ISBN 978-7-5130-4982-5

出版权专有　侵权必究
如有印装质量问题，本社负责调换。

序　言

静待花开

　　近年来，在北京第二实验小学永定分校"一体两翼""六大领域三类"的"育鹰课程体系"的引领下，语文课程改革逐步深入。越来越多的孩子们养成了爱读书的好习惯，阅读气氛十分浓厚，门头沟区教委还专门在我校召开了全区学校读书工程推进会。随着孩子们阅读量大幅度提高，习作能力也明显提升，更激发了孩子们的创作热情。2015年，我校上届毕业生范爱然同学把她在学校6年的学习生活记录下来，写了近10万字的作品《小脚印》，中国戏剧出版社正式出版了这部小学生的作品，学校专门为她的作品举行了新书发布会。一石激起千层浪，《小脚印》的出版激发了更多学生们的梦想，校园里相继涌现出了一批小作家、小诗人。六（3）班的李智坤就是其中的佼佼者。

认识小李同学很早，因为他的妈妈曾经是学校的老师。真正了解他是从他开始练习乒乓开始，由握拍、推挡、步伐、提拉到参加全区的比赛。他开始写诗歌、导演剧本也是近两年的事情，而且我还知道，他的数学成绩也非常好，曾经获得全市数学竞赛一等奖，不难看出这是个全面发展的孩子。他从小爱读书，不但读绘本，也读四大名著这些大部头的书，已经养成了读书的好习惯。

静静地阅读李智坤的作品，可以感受到其思想与童趣。书中收录了很多孩子的作品，无论是内容，还是情感，小李同学都没有拘泥于一般形式。青涩稚嫩的笔简单而直白地传递着大人们久违的童真和童趣，犹如清新的风扑面而来，让人倍感亲切和温暖。

学校就是为怀揣梦想的孩子们搭建平台的地方，我们要让每个有梦想的孩子都有尽情展现自我机会。愿小李同学以此为契机，笔耕不缀，继续书写自己美好而灿烂的人生！

　　静待花开自有时！

　　愿一只只小鹰都能尽情展翅翱翔！

校长　宋茂盛

北京第二实验小学永定分校

目 录

散文篇

一日无书，百日荒芜 ··· 3

假如我是富翁 ··· 5

春天的脚步 ··· 7

雷 ··· 9

秋姑娘 ··· 11

老　钟 ··· 13

乡下人家 ·· 15

北京的四合院 ··· 17

习作篇——小童话

鸭妈妈的智慧 ··· 23

小小书法家 ·· 25

小鹿换牙……………………………………	27
小狗爱读书…………………………………	29
掌中宝牧场…………………………………	31
列那狐传奇故事（续写）…………………	33

习作篇——生活趣

我的书屋，我的梦……………………………	37
变魔术…………………………………………	40
蚕宝宝…………………………………………	42
吃　药…………………………………………	43
打水漂…………………………………………	45
第一次翻筋斗…………………………………	47
钓　鱼…………………………………………	49
老杨教练………………………………………	51
乒乓球大战……………………………………	54
水培红薯………………………………………	56
我的发现………………………………………	59
学魔方的启示…………………………………	61
我发现杨树会长"眼睛"………………………	63

养蚕也有秘诀 ………………………………………… 65

我是"大厨" …………………………………………… 66

做毛猴 …………………………………………………… 69

一架纸飞机 ……………………………………………… 72

校园一角——操场 ……………………………………… 75

麻小带来的诱惑 ………………………………………… 78

幸运饺子争夺战 ………………………………………… 80

一张旧照片 ……………………………………………… 82

习作篇——出行记

梦幻的青海湖 …………………………………………… 87

晋　祠 …………………………………………………… 89

巍巍绵山 ………………………………………………… 92

夜幕下的圣·索菲亚教堂 ……………………………… 95

"易碎"的玻璃 ………………………………………… 97

我的研学之旅——台湾 ………………………………… 99

诗歌篇——现代诗

"时光"号列车 ………………………………………… 105

草　坪 ... 111

沙　滩 ... 112

雪　地 ... 113

自由活动——偶遇 ... 114

跟我走，去夜市 ... 115

寒窗苦读 ... 117

孤　灯 ... 118

花开四朵 ... 119

随他去吧 ... 122

大地上的昼夜交响曲 ... 124

神仙来了 ... 127

诗与远方 ... 129

食物的战斗 ... 132

我想吃的 ... 133

诗歌篇——古诗文

天净沙·磨砺 ... 137

天净沙·悟空 ... 138

天净沙·公明 ... 139

- 天净沙·学子···140
- 天净沙·俱伤···141
- 天净沙·往复···142
- 天净沙·麻小···143
- 十六字令·雪···144
- 一剪梅·雪扬风中···145
- 水调歌头·滑雪···147
- 卜算子·奇缘···148
- 孔　府···150
- 孔　庙···151
- 孔　林···152
- 满江红·吃货···153
- 醉花阴·刀削面···154
- 红烧肉说···155
- 感叹号···156
- 沁园春·胡同···157
- 五指争功···158
- 结语：静待花开···160

散文篇

昙　遇

昨夜昙花犹未落，今朝露湿又重开

散文篇

一日无书，百日荒芜

关于读书,《三国志》中有云:"一日无书,百日荒芜。"如果一天不读书,那么这天就做什么事情也提不起精神。

中华上下五千年,不同时代的伟人,都有一个共性,那就是酷爱读书。书中所蕴含的文化、所记载的知识,是难以用数字去衡量的。书能给人智慧,伟人们的思想来源于书,同时他们也会也会把自己的思考及感悟再写成书。

杨绛先生便很爱读书,一天到晚总是捧着本大部头的书读。小时候,父亲就问过她:"三天不读书会怎么样?"她摇了摇头,答："不好过。"父亲又问："那要是一个星期呢？"她发出惊叹："天哪！这个星期简直是白活了！"其实我们从她的许多文章中都可以看出书的影子，那是一个充满了喜怒哀乐的新世界。无怪她在《读书苦乐》中感叹道："这是书以外的世界里难得的自由。"可以想象，书在她的小世界里是无法代替的。

书是门简洁的艺术，几百张纸就能掠出人的一生；书又是门难懂的艺术，字里行间都蕴藏着大道理。书里的世界充满着各样的趣事。人们常说智者都去向红尘学习，这红尘太大了，想找个小点儿的就是书了。

与书为伴的人都跟多活了几十年似的。那是因为书的红尘带来了更多的阅历。为了多活这几十年，我们也该多读书吧！而且会读书的人每当进入书的世界里，就算不脱胎换骨，也会增长几分智慧。读书人的眼睛里闪着光，仿佛能看穿所有的东西，人们常说"书呆子"，其实，我认为不读书的人反倒才"呆"呢！

"书中自有黄金屋，书中自有颜如玉。"书的世界很宽广，蕴含的宝藏也很多呀！但是不读书的人，怕是很难找到吧。

假如我是富翁

有人说,大家熟悉的富翁都是双耳不闻窗外事,一心只在挣钱中的,可是如果我是富翁,我就会去做好事。

假如我是富翁,我会花大笔大笔的钱去帮助灾区和山区的孩子们。让他们住上高楼,不愁吃,不愁穿,还要建立学校,让孩子们有学上,使他们增长知识,增进见识。还要购买很多

的书籍，让他们读好书。他们有学上、有读书，心里一定乐开了花。

假如我是富翁，我会不惜重金让地球和平。把武器库买来，把所有的核武器运到太空，全部销毁，让世界充满了和平、幸福。没有了战争，就没有了牺牲。我还会用压路机把分割国界的栏杆压平，让世界从此不分国界，可以随意进出任何国家。地球上的人不分语言，不分肤色，就像一家人一样。

假如我是富翁，我会斥巨资帮助残疾人：给盲人装上仿生眼，让他们重获光明；给聋人安上声探器，让他们听见声音；给缺少四肢的人装上智能手臂和智能腿脚，让他们活动自如。每个人都是平等的，不会因为身体残疾而被嘲笑。

哎，我要真是一个大富翁该多好啊！

春天的脚步

　　春天的脚步,不知何时已经到来。"滴答……"听,那是她的脚步声,从天上飘落,不慌不忙地落在地上。她是春天的使者,她叫雨。她的歌声很美,风将美妙的音符送入耳畔。洒落的雨滴如珍珠一般,稀稀落落地滋润着土地。大地也应和着鼓点声,像是在呼唤雨下得再大些、再多些。闭上眼睛,倾听着雨的歌声,会抛开一切烦恼。

她带来了清澈的种子，带来了勃勃的生机，如烟，如雾，朦朦胧胧的，笼罩着世界。抬眼望去，她散发着柔柔的白光，和碧青的小草相映成趣。她令整片天空变成白色，一眼望不到边，宛如仙境一般。雾气拥了上来，抚摸着你的皮肤，让人轻快了不少。

伸出手，感受着来自天空却终究融入大地的雨。她很轻，轻到被风吹得斜斜的；她很细，细到被大地蒸融地无影无踪；她很凉，凉到让有让人有说不出来的清爽。

她飘飘然落在地上，"滴答"一声，你仔细听，能听出这一声里蕴含的勃勃生机。虽然她只是一滴。那是春天的脚步，姗姗来迟的她挥撒于这天地间，润物无声。

这是春天的脚步，生命的气息波动着，将无穷大的可能性藏在了泥土之间，引得大地中的萌芽蠢蠢欲动，争先恐后地冒出头来，聆听着春天的大合唱。

春天来了，带来了一场春雨，带来了勃勃生机。

雷

阳光普照大地，一切都那么安静。倏地，一个晴天霹雳，以迅雷不及掩耳之势击中了大地，又是一阵寂静，雷声才姗姗来迟，像个发令员，急匆匆地开了一枪。预备，跑！千万滴雨滴，似千万个运动员，争先恐后地冲向终点。轰隆隆，又是一阵雷声。这一阵雷声，不再焦急，而是慢悠悠的，越发显得

厚重。

雨，越来越大；雷，越来越响。每一声雷，都使得大地微微一颤，如若放一杯水在地上，估计也要洒干净了。可是，我却喜欢雷，因为他是如此变化多端。听，那一声波涛汹涌；再听，那一声天星坠地；继续听，那一声石沉大海；别急，还有一声万箭齐发。那么多声音，各有各的韵味，各有各的特点。那么多种雷声，却在同一时刻停住了。轰隆隆——轰隆隆——听得久了，却发现这雷声好似天籁之音，不再那么吵闹，反而顺着耳朵流进了心扉。

这一阵雷声过后，雨也停了，空气中充满着负氧离子，吸一口，仿佛进入了天堂，为这阵雷画上了完美的句号……

秋姑娘

不知何时,秋姑娘来到了大地上,施展出自己奇妙无穷的魔法。

天空被染成了蓝布,蓝布上沾了几滴白。秋姑娘在蓝布上舞着,舞出了阵阵秋风,吹在脸上,真凉快!树叶金灿灿的,

被这凉风一吹，漫天飞舞，好似一只只蝴蝶。红色的、黄色的、绿色的，交叠在一起，形成了一幅色彩斑斓的画卷。

秋姑娘把果子都吹熟了，用蓝布卷在怀里，偷尝了几个。"哇！太好吃了！"她发出一声惊叹，随后就高兴地大笑起来。石榴听到她的笑声，露出了晶莹的牙齿，笑出了一肚子小宝宝。这笑声响彻云霄，把苹果的脸都羞红了。

秋姑娘踏着秋的旋律，环着这世界转。她转到哪儿，哪儿就是一片笑声；她转到哪儿，哪儿就是一片丰收；她转到哪儿，哪儿就是一片新气象。

这可爱的秋天！这生生不息的秋天！

老　钟

每天清晨，或是急急匆匆，或是慢慢吞吞，只要一进入校园，抬头便可看见老钟坐在楼顶，轻轻地拨着它的两根胡须。

别看拨拨胡子很简单，这可是技术活，慢一秒，快一秒，多拨一点，少拨一点，它可就不好看了。

它很普通，和它那些"表"亲们差不多，只是有四个面，而且要大得多。每一次在操场上，或在甬道上，它都会精确报出时间，不差一分一毫。虽然它有些年久失修，可我总会多看它一眼——它比别的表准时多了。

我也想上去陪一陪它，不然它得多寂寞呀！可惜我爬不上去，它可在全校的最高点上呀！如果能上去和它说说话，它一定会兴奋到把胡子多拨一圈。不，两圈！

到了晚上，它会发出柔和的光，点亮这个寂静的校园，点亮每个莘莘学子的心灵……

散文篇
San wen pian

乡下人家

乡村是一道美丽的风景线,即使它没有高楼大厦,没有川流不息的车辆,没有那一条条高大的立交桥,可它却比繁华热闹的大都市更富有美感。

乡下,小溪和大河纵横交错,经常会"百步一溪,千步一河"。河流之间,长着金黄的芦苇,微风一吹,芦苇轻轻摇摆,犹如一幅美丽的画卷,令人陶醉其中。走近了,还能看见渔船穿梭其间,形成了一派人与自然的和谐之象。河对岸的一片菜地,那是农民伯伯辛勤开垦出来的，菜地十分大，一眼望不到边，绿的、黄的、棕的，都交织在一起。只要你有兴趣，便可以随意参观。在高坡之处，能够看到一个或几个小稻草棚，过路人累了，就可以休息一下。下面如果有玉米地，你还可以自由采摘，吃一根玉米，只需在棚子里放入合理数量的钱就可以了。在小溪的不远处，一定会有井，瓢就在旁边，渴了就能喝上一口。

　　农家的大门永远不关，他们喜欢客人来访。似乎门口唯一的看门人，就是那条又绿又长的丝瓜。乡下的房屋很简朴，一点也不奢华，按当地儿歌来说就是"东南西北四间房，中间夹个大幼凉（田地），西北夹角是茅房，北房西屋放着床。"东房旁边经常会有一棵历史悠久的果树，使整个院落显得古老、神秘，东房还是杂物间，所以顶上是平平的，架着梯子爬上去，伸手就可以摘到院子里种的又香又甜的果子，再加上明媚的阳光，真是一种享受！

　　乡下人家，朴素又热情，纯洁又大方，所拥有的"美"是一种与众不同的美，让人难以忘记的美。

北京的四合院

北京的四合院儿是中国古代很重要的一种民居。从北京定都开始，上至一品大员，下至穷苦百姓，没有一个不住四合院，只不过在规格与气势上有所差异罢了。

北京四合院是很讲究风水的,从大门开始,便是规矩。"坎宅巽门"是很好的写照:"坎"为北,五行中属水,正房居水位可以避开火灾,所以四合院大都坐北朝南;"巽"是东南方向,在五行里占个风位,为取个出入平安的好兆头,大门就建在东南角。也许你会感叹这四合院处处有玄机,其实并不奇怪,毕竟它有几百年的历史呀!

进大门,不是直接入院,面前有一面影壁,是挡灾气和晦气的,往左拐,就进了外院。它不是十分大,却能如一只手保护着内院。若是你再往前走,一定会被二门吸引。二门又叫垂花门,上面刻着各种美丽的花,色彩斑斓得让你的眼睛都会看花。如果你不仔细看,断断不能分辨那一片红、一片黄、一片蓝竟是一朵朵花。其实花也有讲究,牡丹意味着大富大贵,莲花象征着多子多福,梅花则代表坚强不屈。还有很多花,不过没有固定含义,要是想看明白,还得自己"悟"才行。

穿过垂花门,才是最大的内院,内院是一家人最常使用的地方,它的用途不胜枚举。七月初七,女孩会在内院向天"乞巧",据说更有效果;八月十五,大家在内院架高台赏月,最不会被打扰;腊月二十三,男人们在内院烧香祭灶,最能讨灶

王爷的喜。可以说，内院就是整个四合院的主脑，它连接着四合院的其他部分。

内院左右是东西厢房，按中国的礼仪："左为贵"，于是西厢房通常比东厢房大几尺地，是男人住的地方，东厢房更小一些，一般住女眷。内院后面是正房，正房坐北朝南，地位是最高的，所以是老人住的。正房也是最漂亮的，屋顶上的一排小兽刻得栩栩如生，更不要提屋外柱子上的浮雕了。不管厢房多么美，垂花门多么漂亮，加起来也不及正房的一半。

四合院有悠久的历史，经过几百年来不断的改进，四合院不论什么方面都是最好的。人们累了，就在内院的枣树下乘凉，还可以养几只小鸟逗着玩。夏日的阳光再毒，一照到院子里也凉了几分。树上有蝉，傍晚时便叫了起来，使晚餐不再单调。月光洒在地上，比灯光更加柔和，让人有舒悦之感。

这便是北京的四合院，充满了浓浓的京味儿，散发着传统的文化气息。

习作篇——小童话

兰 偶

天赐神香自悠远,引来蝴蝶弄清风

鸭妈妈的智慧

温哥华的太阳照耀着柏油路，也照耀着这群鸭子。鸭妈妈走在前面，小鸭子们跟在后面。他们既兴奋又战战兢兢，东看看，西瞧瞧，怎么也看不够。可一想到要去看望鸭外婆，脚步又催着它们的眼睛上路了。

在鸭妈妈的带领下，小鸭子也排着队，迈起脚掌，穿梭在人们诧异的眼神里。走着走着，突然，在队尾的几只小鸭子被树上喜鹊的叫声吓了一跳，一脚踩空，落入了下水道。鸭妈妈在小鸭子惊慌的叫声之中回过头，想看看发生了什么。它只看一眼就看见了落入下水道的小鸭子，急忙带领队伍冲到了下水道旁。小鸭一见鸭妈妈，翅膀用力地扇动，在水中不断挣扎，求救声愈发凄惨。

鸭妈妈正在犯难的时候，路边有一个巡警走了过去。鸭妈妈灵机一动，思想的火花从脑子里蹦了出来。它用尽平生力气，扇动翅膀跳起来向巡警的背部用力一啄。巡警一回头，看到一只鸭子在啄自己，不由得十分生气，想要抓住鸭妈妈。可鸭妈妈又跳起来一啄，然后转身就跑，巡警也跟着鸭妈妈往前跑。跑到下水道旁，鸭妈妈不跑了。它伸着脖子望了望几只落水的鸭子，又向巡警"嘎嘎"的叫。

巡警想了想，终于恍然大悟：噢，它原来是想让我帮它救小鸭子。巡警连忙伸手够小鸭子，可怎么也够不着。情急之下，他跳进了下水道，只是伸手一抓，就将浑身湿漉漉的小鸭们抓了上来，巡警的裤子被浸湿了，冰凉的水让他打了个寒颤，他赶紧爬了上来。

鸭妈妈舔了舔小鸭的身子，向巡警连声欢叫，好像在唱着颂歌。巡警俯下身子，用他的大手摸了摸鸭妈妈的头，向鸭妈妈告别。

就这样，在温哥华太阳的照耀下，在巡警赞赏的目光下，鸭妈妈和小鸭又大摇大摆地走上了公路，连公路上的汽车都停了下来，向鸭妈妈鸣笛致敬，让鸭妈妈过马路。

小小书法家

小猪天天可是森林小学出了名的"乱字大王",它写的字七扭八歪,连鲸鱼老师也拿他没办法。

一天,小猪天天走在放学回家的路上。突然,它发现前面有个亮晶晶的东西,便走过去看。原来是一支铅笔,上面还有一个王冠,漂亮极了!天天心里想:真漂亮,要不,我把它拿回家吧,哥哥一定会羡慕我的。于是,小猪天天就把铅笔拿回了自己家里。回到家,小猪天天开始写作业。"哎哟!"小猪天天的手指突然被一个东西扎了一下,疼极了。只见书桌上站着一个铅笔小人,正是捡来的铅笔。"你……到底……是谁?"铅笔小人说:"哈哈!实不相瞒,我是笔王国的铅笔王子。我来就是监督你写字的。"天天说:"把字写好?那你去找别人吧!"铅笔王子说:"我就是要让你把字写好!你要是不好好写字，我就一直扎你。"说完，铅笔王子又变成了一支普普通通的铅笔。天天没办法，只好认认真真地写起作业来，字也变得工工整整。

第二天，天天的作业本上写了一个红红的、大大的优。天天心里甭提多美了，这可是它第一次得优。放学了，天天拿出铅笔盒准备写作业，却怎么也找不到铅笔王子了。它发现了一张小纸条，上面写着：

天天，我已经完成任务，祝你的字越写越好。如果你再不好好写字，那我们铅笔国可会一起来监督你哟！

——铅笔小王子

从此以后，天天的字越写越好，还被学校评为小书法家呢！

小鹿换牙

森林里有一只小鹿,胆子小极了,就连睡觉都在怕老虎吃掉它。所以,小鹿想了一个好办法,决定换上一副凶猛又锐利的牙齿。

于是,小鹿找到了鹤医生,对他说:"鹤大夫,您治牙很厉害,请帮我换一副新牙吧!我一定多付钱。"丹顶鹤听了,赶忙用手电筒照了照小鹿的牙。奇怪的是,小鹿的牙好好的,没有一颗虫牙。于是,鹤不解地问小鹿:"你的牙齿并没有坏呀,换牙干什么?"小鹿回答:"我想换一副鲨鱼那样锐利的牙齿,这样的话,老虎就再也不敢吃我了。"丹顶鹤很同情小鹿,就给它换上了鲨鱼那样的大尖牙。

小鹿付了钱,高高兴兴地去找老虎。小鹿找到老虎,装出一副唯我独尊的样子,对老虎说:"你知道我是谁吗?我就是鹿大王,还不快把你的皇宫让给我。"老虎十分气愤地说:"你这只该死的鹿,看我怎么收拾你。"鹿听了,想吓住老虎,便露出新换的大尖牙。它得意地说:"看见我这副新牙了吗!这是最锋利的牙齿,比你的牙齿锋利一百倍。"老虎才不管这些,一下子扑倒了小鹿。可怜的小鹿,就这样被老虎吃掉了。

小鹿至死也没明白:外表的强大,不代表真正的强大。

小狗爱读书

小狗非常爱读书!

一天,小狗又坐在暗处读书,狗妈妈说:"读书是很好的,但你这样看书,会近视的。"小狗说:"我才不管呢!"狗妈妈不再理小狗了。又一天,小狗趴在沙发上看书。狗爸爸提醒小狗说:"读书是很好的,但是你趴在沙发上看书,会近视的。"小狗反驳说:"趴着看书舒服。"狗爸爸见小狗不听,也不再理它了。

时间久了,小狗的视线越来越模糊,最后戴上了眼镜。小狗真后悔没有听爸爸妈妈的话。

亡羊补牢,为时不晚。从此,小狗开始爱护自己的眼睛。每次用眼半个小时,它就会做一次眼保健操。每当看书的时候,它也坐好了看。过了几天,小狗的眼睛不再酸痛了。几周过去了,小狗的视野渐渐清晰了。几个月过去了,它摘掉了眼镜。一年过去了,小狗的眼睛完全恢复了。它再也不敢不爱护自己的眼睛了。

同学们,我们一定要保护好自己的眼睛呀!

掌中宝牧场

看着那些可爱的动物，我可真想拥有一只。可是出门旅游不能带上，万一饿着它们怎么办？如果两只动物闹起来怎么办？不过，有了"掌中宝"牧场就没有问题了。

这种牧场便于携带，比巴掌还要小，所以它叫"掌中宝"牧场。它酷似一个缩小版的鸡蛋，一半是透明的，可以看见小小的动物们在嬉戏，一半是黑色的，装满了按钮。

如果你想和小动物玩儿，只要按下那个红色的按钮，你就会马上穿越到里面去了。那里面有好几个操场那么大，所有的动物都有自己的区域，又互相通连。比如住在水边的鸭子，想去看沙漠里的骆驼，那么它只需走出水池，再跨越几百米的草地，就来到了沙漠。走在牧场里，一会儿逗小鸟，一会儿喂奶牛，不也是一件趣事吗？

如果你想出来的话，那么只要喊"芝麻开门！芝麻开门！"你就会立马穿越回正常的世界了。

可是，如果没吃的怎么办呢？别担心，这里面不但有大片大片的草地和果树林，还有不断进行的生态循环，别说是一只动物，就是成千上万只，也不是几年就能吃完的。但是没有水也不行啊！水是万物之源。这一点也不用担心，只要按下那个雨滴按钮，就会下倾盆大雨，它不但能下雨，其他天气也可以有啊：比如刮风、下雪……最新版的"掌中宝"还能加速时间的流逝，外面一天相当于里面一年，想想几年后动物们的样子，是不是有点小兴奋呢！

有了"掌中宝"牧场，养小动物再也不是问题了！

列那狐传奇故事（续写）

　　列那狐自从假死之后，就一直隐居在马贝度城堡。除了捕猎之外，一般不露面。

　　这样过了三个月，列那狐实在闷不住了。它喜欢去冒险，去过刺激的生活。就在这时，列那狐新交的好朋友——老鹰安鲁匆匆地飞过来。列那狐问："好久不见，有什么事吗？"老鹰安鲁回答："我听王宫里的人说，明天人类国王将会派一些士兵押着两车腌肉从这儿附近走过。我知道你爱吃腌肉条，所以来通知你。"说完，安鲁就飞走了。

　　第二天，果然有一些士兵押着腌肉条从大道上走来。等待已久地列那狐赶忙在道路旁边的森林里放起了火，然后大喊："救命！着火了！"士兵们急忙往着火的地点跑去，一边跑也一边呼救。列那狐则等士兵们都去救火了，钻进马车里，把能带走的腌肉条都拿上了，然后赶紧离开。有一个眼尖的士兵发现了列那狐，便往列那狐身上射了一箭。这一箭正中列那狐的尾巴，疼得列那狐直咧嘴。所幸的是列那狐跑得快，没有被追上再被射一箭，不然它还不一定能不能活下来。

到了马贝度城堡，列那狐的妻子海梅林赶紧给它治伤。等伤口包扎好了，列那狐心想：我不能白挨一箭，得让他们遭报应！

于是，列那狐又回到了偷肉的地方。定睛一看，士兵们正商量如何向国王交差呢！它跑到士兵旁边，照着士兵们又抓又咬，这下士兵们疼得呲牙咧嘴。士兵们左抓右抓，就是抓不到列那狐。后来，有个士兵用剑来砍列那狐。列那狐心想：我可不是铁做的，得快跑。于是它寻找时机，趁士兵一不留神，一下子溜走了。它纵身跃上拉马车的马身上，狠狠地往马屁股上咬了一口，马受到了惊吓，飞也似地跑了，士兵们要追也来不及了。

列那，这只狡猾的狐狸，又一次成功逃脱了！

习作篇——生活趣

桃 静

桃花一簇开无主,可爱深红爱浅红

我的书屋，我的梦

古人云：开卷有益。每一本书，不管篇幅长短，不管情节是否曲折，不管线索有多复杂，只要用心阅读，总会有收获。所以，我的书，不仅种类繁多，而且数目庞大，如果要数一数，估计半天也数不完。

花开有时
Hua kai you shi

这么多的书，放在哪里最合适呢？当然是我的小书屋了。小书屋两面的墙上挂着爸爸送给我的一副对联——上联：喜有两眼明，多交益友；下联：恨无十年暇，尽读其书。小时候的我还真不知道其中的含义，到现在也是一知半解，我想我要用很长时间去理解吧。对联下面是一张写字台，桌上一盏台灯，台灯旁是爸爸用过的一本新华字典，还有一支铅笔，它们一直陪伴着我读书。写字台对面是我的大书柜，虽然简易，但有相当大的地方，就像个知识的仓库。门上的玻璃格外干净，什么书在哪里都一目了然。书柜十分高，看上层的书还要踩凳子，可即便是这样，书也要放两层——里面一排，外面一排。每日徜徉在我的书屋中，我就像一条小鱼，快乐而自由！

从小，我就喜欢读书，一直读到现在。图文并茂的绘本虽然简单，但让我有无限的遐想；有意思的故事不仅可读性强，其中的做人道理也让我受益匪浅；现在我开始读名著了，虽然有些还是一知半解，但名家的作品依然吸引着我，怎么舍得放手呢？每一次买书回家，我都要在"书满为患"的书柜中替他们找一个舒适的家。看书时，我坐在书桌旁贪婪地汲取着知识的力量，妈妈无数次催促我去睡觉，我却不知疲倦。有时我会期盼下文的发展，有时还会体会作者字里行间的用意，有时还会思考自己不理解的地方，因为这些都是十分有趣的。

记得有一次，我只顾着看书，入了迷，两眼直勾勾地盯着书，已经钻到书中的世界了。妈妈有事叫我自己吃饭，我便不管不顾地一边看书，一边吃饭。书正写到激烈之处，主人公性命攸关，在生死一线间徘徊。我一激动，一下子把筷子扔了出去，倒把自己吓了一跳。

我和书还有许多的故事，每天都在上演精彩的篇章。我的每一本书，都承载着我的美好愿望。它们是一个个台阶，伴随我成长，伴随我扬帆起航！

变魔术

今天，我从一本书上看到了一个纸牌魔术，准备好好练习，给爸爸妈妈表演表演。

这个魔术叫做金矿山，就是魔术师把一套牌分为两堆，让观众选一堆牌，从中抽一张牌。然后不让魔术师看，自己记住这张牌，把这张牌放在原来的牌堆上，再将另一堆牌放在抽牌的一堆上面。接着把牌依次翻开，魔术师就能指出观众抽出的牌。其实，偷偷看一下未抽牌的牌堆底下的牌，抽的牌就在那张牌的后面。

我一切准备就绪，要给爸爸表演。之前的步骤都顺利完成，一点儿也不难。可是，马上要偷看牌了，我十分紧张，心想：这次一定要快，可不要前功尽弃！我把拿着牌的手一翻，装作不经意地环顾四周，瞟了一眼牌，然后手再翻回去，眼睛也赶紧看别处。那张牌原来是梅花10，我松了一口气，想：总算是偷看到了。可是心中一想，嘴里经嘀咕出来了："总算是偷看到了。"爸爸听见了，问道："你偷看什么了？"呀！露馅了。我只好给爸爸解谜，这次魔术也变不成了。

　　我以后做事一定要认真，尤其是马上要成功的时候，千万不能大意。

蚕宝宝

蚕长大后，各个部位也更明显了。从上面看，可以看见一根青色的线，不停地变宽变窄，那是蚕的肠子。最重要的是，随着不断长大，蚕对人的亲和感也越来越强。当它还是小不点儿时，努力不让自己离开饲养盒，每次换桑叶，都吓得立马逃窜。等长大了，它一到我的手上，就赖着不走，需要用力拿开。换桑叶时，它仍如平常一样，不紧不慢地迈着步。它越来越喜欢我，我也越来越喜欢它。在养蚕之前，我是万万不敢碰它的，现在，我却敢让它在我手中爬来爬去。因为每次触摸它，我都有一种自豪感——满满的自豪感！

吃 药

这几天，我一直感冒发烧，原来是因为气管炎引起的。一生病，就得打针、输液、吃药。你可能觉得扎针最痛苦，可对于我来说，吃药才是最痛苦的。

我和妈妈从医院一回到家，妈妈就把药盒拆开，拿出两支口服液让我喝。妈妈说："这药特别苦，小心点。"我心想：我都这么大了，还怕吃药吗？况且，多么苦的药，我也能吃下去，我相信自己的克制力。然后，我一口气把药喝了。当药汁流到舌头上，我才知道妈妈为什么提示我。这药太苦了，好不容易咽下去，一股呕吐感就来了。早饭从我的胃里往上跑，仿佛要重见天日一样。

幸亏我手疾眼快，拿起杯子，咕咚咕咚连喝了两大杯水，那种感觉才被我压下去。这药可是两支，喝了一支，还有一支。

这次我可不敢像喝第一支那样傻大胆了。我先把洗好的红艳艳的草莓拿到桌上，接着把水倒进杯子，倒了满满一大杯。虽然说准备得十分充分，可是我还是不敢喝。望着那深褐色的药液，我不禁皱了皱眉头。把口服液放在嘴边，又放下了手。我赶紧调整好呼吸，大喊一声："忠言逆耳利于行，良药苦口利于病！"深呼一口气，然后用尽全身的劲，猛地一吸，让药以最快的速度进入嗓子。喝完之后，一口气喝光了杯子里的水，又狂吃了四五个草莓，这药味儿才被彻底压下去。我长叹一声：哎，可算是喝完了。

吃完这两支药后，我才明白了"有啥别有病"的真正含义。希望大家无论干什么，都要注意身体。平时多运动，多喝水，要记住身体是最重要的。

打水漂

这次暑假我们去了黑龙江,黑龙江是一条位于中国与俄罗斯之间的分界河,一边是中国,另一边则是俄罗斯。

到了江边,爸爸捡起一块石子,往江边扔去。只见那块儿石子刚一接触到江面,就又弹开,继续往前"飞"去,又一接触到湖面,还是再次"飞"了出去。就这样,石子弹飞了七次才落入水中。"哇塞!你会打水漂!"我惊讶不已。爸爸说:"那当然,我小时候就会了。"我问爸爸:"那你能教我吗?"爸爸说:"没问题,你看,石头要找扁平又

很圆的。"爸爸说着就找了一块符合标准的石头，"而且要横着扔，角度要尽可能接近水面，出手的时候要用力。"爸爸往水中一扔，扔了三个水漂。我也学着爸爸的样子，使劲一扔，结果竟然扔到了石堆上，只击飞了几块石头。第一次没有扔好没关系，可是第二次、第三次，扔了好几次都没扔好，就不耐烦了。于是我想出一个办法，先把一块巨大的石头扔入水中，让它有一部分稍稍露出水面。然后，我把爸爸叫来，接着用石子往大石头上一砸，就打出了一个水漂。爸爸却说："打在石头上怎么能算水漂，石头要自己弹起来。"我只好继续按爸爸教的去做，竟然一扔就打出了两个水漂。我高兴极了，不停地扔，最后竟扔出了三个水漂。

　　从这件事中，我明白了一个道理，干什么事都不能投机取巧，坚持不懈才会成功。

第一次翻筋斗

小时候,妈妈给我报了个武术班,一到周末就去上课。虽然那时才六岁,不过每次训练都给我留下了深刻的记忆。武术教练很让我佩服,他不但武术好,说的话也能出奇制胜。

他给我们灌输的思想就是:"不对自己狠一点儿,怎能知道你不行。"所以,压腿时,他让我们狠狠地压;跑步时,他让我们狠狠地跑;扎马步时,他让我们狠狠地扎。

刚上了几次课,教练就让我学了翻筋头。他叫我排在队尾,先看别人怎么翻。排着排着,就剩我一个人了。我本来充满信心,可真轮到我,便不敢上前了。我望了望前方地面上的灰色石板，一阵冷风吹过，感觉石板被吹得又硬了几分，显得更加冰冷。我站在原地，心里乱成了一锅粥：我能不能翻，如果一翻没翻好，势必摔个鼻青脸肿，这可怎么办？

这时，身边飘来教练的话："加油！快点翻！不对自己狠一点，怎能知道你不行。"听了这句话，我突然有了底气，心里充满了力量。开始助跑，接近终点，我把冒汗的手一伸，一哈腰，手正搭在石板地上。将手伸出的那一刻，我的大脑又在乱想了：呀，我这么快就翻筋斗，一点准备都没有，会不会翻不过去呢！可心里这样想着，不听话的身子早已弯下了腰，这时我不翻肯定摔，翻还可能翻过去。于是我又把心一横，一条腿顺势一蹬，另一条腿紧接着，身子便倒了过来。一种悬空的无力感从手上传来，我大叫一声：哈！才又用上力。用惯性一扑，两条腿就轻飘飘落了地，翻完了我人生中第一个筋斗。翻完之后，我还呆呆地站在原地，好半天才回过神来。

那天以后，我便敢大胆地去坐过山车、去游泳、去滑雪，挑战许多我本不敢做的事。还是那句话：不对自己狠一点儿，怎能知道你不行？

钓 鱼

前几天,我和姥爷去河边钓鱼。我虽然不会钓鱼,但是也想和姥爷学几手。我往一个大水桶里装满水,当作暂时的鱼桶,准备过一会儿装鱼用。然后我再拿上鱼饵,又和姥爷一人一根鱼竿,就去河边钓鱼了。

河水清澈,几条大鱼时不时跃出水面,引得过路人纷纷侧目。姥爷把一块大垫子铺在地上,放好东西,这就算"安营扎寨"了。

我帮姥爷把鱼饵系到鱼钩上,问:"姥爷,你可以教我钓鱼吗?"姥爷说:"行!你把轮盘

上的扣子打开，然后一手拿竿，一手扶着线，再一甩，甩的时候扶线的手松开，就这么简单。"说着，姥爷便把竿甩了出去。我也有样学样，把竿用力一甩，线高高地飞向高空，足有三四米高。我心想：一定要甩到河中心呀！结果，线笔直地下落，缠在了河边的小树上。我赶紧扒着树枝，把缠在上面的线拿了下来。我稳了稳拿杆的手，又是一甩，这次算是进了河。我坐在岸边，慢慢地等着，等了半个小时，也不见鱼钩动。这我可有点受不了了，心也飞走了。

就在我神游的时候，姥爷突然轻轻地碰了我一下，我瞬间回神，发现鱼钩动了。我马上用力收竿，猛地一拉，竟没有拉动，反而感觉到一股反作用力。我立马意识到：这可能是条大鱼！坚决不能松手。于是，我使出浑身力气，用力一拉，一条银闪闪的大鱼被我甩到了旁边的草地上。我高兴得手舞足蹈。

晚上，我们的大菜是炖鱼，鲜嫩的鱼肉被全家瓜分一空。我觉得今天的鱼是我吃过的最美味的大餐。

老杨教练

老杨教练已经60岁了,但是头发却一点也不白,脸上的皱纹也不多,一双眼睛炯炯有神,大家都尊称他为老杨教练。

老杨教练是我的乒乓球教练。他教过很多徒弟,最牛的一个拿过世界混双第三的奖牌,现在是日本国家队的教练。别以为教练打球不厉害,他得先打得好,学生才能服气。

一次，老杨教练让我练习发球。也不知怎的，突然心血来潮，要跟我比比发球。这怎样比呢？只见老杨教练拿出自己的球拍，放在球台角上，说道："你发十个球，我只发三个球，打到球拍算一分，看谁得分多。"我心中暗喜，心想占了大大的便宜。二话不说，我立马开始发球，结果球不是出界就是偏离了轨道，无一打到球拍上。

我心里很是懊恼，站到一边看着老杨教练。只见他不慌不忙地走到球案前，将球拍换成了一个小乒乓球，还放在了角上。老杨教练连发了两个球，结果也是和我一样，没中。我心里开始大笑：哈哈！老杨教练要输了！还没等我笑够，只见他手臂悠然一挥，手里的最后一个乒乓球就像离弦的箭一样直奔案角的乒乓球而去，撞到那个球时，发出"啪"的一声，煞是好听。球被击飞，在半空中划了一道长长的弧线，落地时还转了几圈，好似一个不服气的孩子。

老杨教练摸着我的头，说："吃得苦中苦，方为人上人，好好练吧！"

习作篇——生活趣
Xi zuo pian——Sheng huo qu

乒乓球大战

今天，我和爸爸进行了家里的"乒乓球"大战。规则很简单，分为七场，赢了四局就是冠军。

第一局开始了，我先发球，一个球发过去，爸爸赶紧用拍子接了一下，我一个拉球又打了回去，我们就这样打了起来。可好景不长，爸爸连赢两局，我有点着急了，心想：爸爸最厉害的是反手，我如果一直把球送到他的正手，那他便没法再反打，我就不会输球了。我打定主意，便实践起来。你别说，我这招还真见效，一下子连赢三局。

第六局时，爸爸急了，运用出他多年不用的盖和切，把我逼得东窜西跳，我只有招架之功，并无还手之力。他以11∶1的超常发挥，赢了我一局。我一下慌了，心想：这可怎么办，盖和切根本防不胜防。对了！既然不能防，何不以牙还牙。我用他的盖、切和反打来打他。

我正想着,最后一局开始了。我用爸爸的招式赢了好几个球,但爸爸也不是省油的灯,一下子就追回了比分。我们你追我赶,比分竟咬到了17分平。该我发球了,我突然想起昨天新见到的反拉发球法,便发了一个球。爸爸不知如何应对,直接输了一个球。爸爸又发了一个球,我直接一切,他只好挡,这一挡挡高了,我便抓住这个机会一盖,就用19∶17赢得了最终的胜利。

从这次比赛中我明白了一个道理:凡事多动脑筋,才会取得成功。

水培红薯

4月27日　星期四　大风

今天早上给水培的红薯换水，发现它竟比昨天多长了好几片叶子，令我高兴了半天。

我是用一个玻璃瓶水培的，就是在瓶里倒入水，让红薯在水里生长。

红薯的叶子是长在红薯上半部分的，都是绿油油的。要么发黄些，要么颜色深些，交杂在一起才可爱。它们不像其他的植物叶子一样从小叶子长成大叶子，它们很特立独行——每每生出叶子,总是从叶柄往叶尖长,所以要长成极大的叶子才有叶尖儿。就好像一位画师从叶根画起,要先画完叶片底部才画出尖。

当然,这些是从正面看到的,你若轻轻地把叶片翻个面,就是另一番景象。叶背更像一幅画——用极鲜艳的彩色画笔勾出的画。它的纹路是紫色的,而且是很亮的紫色,在阳光下闪着光。它的纹路摸上去滑滑的,好似擦了油一样。

4月30日　星期日　晴

好几天没仔细观察红薯了,今天发现它的叶子比之前多了一倍,就算原本小的叶子也都长成了大叶子。这不得不令人惊叹它的生长速度。

他们的叶面大都朝着一个方向长,那是太阳的方向。几乎所有的叶子都探着头向

太阳伸去，就连阴面的叶子都以极其扭曲的姿势朝着太阳。我连忙把它转了一个方向，生怕它一个方向的叶子太多了，就失去了平衡。这些叶片都不是重叠的，却生得十分均匀，像特意铺摆的一样。

它的根已经快把瓶子填满了，我不得不多加些水，根是白色的，全都缠绕在一起，像打了一个死结，富有生机，不断变着生长的方向。

我每天都要给它添水，生怕它枯了。每天精心地照顾它，其中的乐趣不言而喻。

我的发现

在生活中,我们都有一双慧眼,会发现生活中许多奇妙的事物。而我也不例外,其中,记忆犹新的就是这次发现了。

我家阳台上种着一盆穿心莲,我十分喜欢它,每天都会精心地照顾它,给它浇水、松土。有一天清晨,当我拿起喷壶给它浇水的时候,突然发现它开花了,绿绿的叶片中开着一朵粉色的小花,花瓣十分密集,却不重叠,呈现出一种和谐的美。我十分兴奋,让妈妈照了好多照片。可是,等晚上放学回来一看,不禁大吃一惊:穿心莲的花朵自己闭合了,早上开得十分大,晚上却跟马上要开的花骨朵儿一样了。我十分疑惑，心想：怎么会这样呢？它的花竟然不开放了，会不会是死了呢？可是它并没有枯萎呀，叶子还是生机勃勃。这是为什么呢？

为了弄清这到底是怎么回事儿，我只好去问妈妈，她说："这个我也不知道，你去网上查一查吧！"通过查询，我明白了其中的奥秘。原来，这盆花不是穿心莲，而是一种叫做心叶日中花的植物。这种植物属多肉植物，叶片对生，肉质肥厚、鲜亮青翠，枝条顶端开花，花虽小但颜色鲜艳，白天开放，夜间合拢，所以叫日中花。花朵在晚上闭合并不是死掉了。而是为了躲避夜晚出现的恶劣天气，防止雨、雪、灰尘等进到花朵里，第二天还会自己开放的。这时我才恍然大悟，知道了其中的道理。

"欲要看究竟，处处细留心"，只要你细心观察，就会发现许多有趣的事情。希望大家都能细心一些，其实每个人都是探索家。

学魔方的启示

俗话说:"欲要看究竟,处处细留心。"是的,这句话一点也不错。通过学习玩魔方,我的感触更深刻了。

记得那是几个月前的一天,爸爸给我买了一个魔方。我特别想学会玩魔方,便按照说明书热火朝天地拼了起来。我前几步按照说明书很快完成了,一点也不费劲。可是到了第四步,却怎么也拼不上了。我皱着眉头,心里着急:"这可怎么办呀,是不是说明书有问题?"可这个想法马上被打消了。我又看了几遍说明书,发现自己做得没有问题,便去问爸爸。我给爸爸演示了一遍，爸爸笑着说："确实是有一步做错了，我不告诉你，看你能不能自己发现。"我只好耐着性子又看了一遍，还是不会。我有点不耐烦了，心想："爸爸真是讨厌，为什么不直接告诉我。"一气之下，我把魔方扔到了一边。可是我实在是太想学会玩魔方了，按捺不住好胜的心，只好又拿起说明书看了起来，我瞪大双眼，平心凝气，一个字一个字的研究起来。终于，我发现了问题，于是按照说明书又拼了一遍，果然拼好了。

　　这件事虽然过去了很久了，我依然记得它带给我的启示：欲要看究竟，处处细留心。从那以后，我就养成了做事细心观察的好习惯。

我发现杨树会长"眼睛"

每个人在生活中都会有许多新奇的发现，而我也不例外，下面我就给来给大家讲一讲我的发现——杨树会长"眼睛"。

记得在我上二年级时，一个夏天的周六，我和爸爸妈妈一起去植物园玩儿。我一边走，一边东张西望，观赏植物园里的各种植物。我看见了一棵高大粗壮的杨树，觉得十分具有观赏价值，便站在杨树旁边，让爸爸给我照一张相。不经意间，我又看了一眼杨树，这次我注意到了杨树上的图案，让我大吃一惊：那图案跟居然跟眼睛一模一样，两边有一点点眼仁儿，中间是一个近似黑色的眼珠。我连忙对爸爸说，"爸爸，你过

花开有时
Hua kai you shi

来一下可以吗？这棵杨树上的图案怎么像眼睛一样呀？""咦，真的呀！"爸爸走过来，说："这棵杨树怎么还长眼睛呢？咱们回家查一查吧！"

一回到家，我连背包都没有放下，就打开电脑，查查这到底是怎么回事。原来，杨树上面的树眼叫做愈合瘤，就是被砍掉的树枝赤裸着的一个伤疤。也就是说，杨树最开始是没有树眼的，后来经过护林工人不断地修剪主干上的枝丫，就留下了一道道疤痕，小杨树越长越高大，越长越粗壮，这些疤痕也不断长大，就形成了我们现在所看到的眼睛了。

小杨树明明知道长大会被工人砍断一些枝桠，可还是顽强地生长着。如果不经历风雨，怎么能看得见美丽的彩虹？如果想要成功，又怎么能少得了吃苦？

养蚕也有秘诀

小蚕长大的速度十分快,从开始时不到一指宽,现在已经到半个手指长了。我们组的蚕养得肥肥大大,别的组可能只算"小不点"。因为我们有一个秘诀,就是多喂桑叶。换桑叶时,只要有一点点枯的叶子都会被扔掉,换新的桑叶。

而且我们一般都要让桑叶把蚕没掉,这样可以让蚕吃得多,长得肥肥的。蚕一看见桑叶,就走不动道,一头扎进叶子里,埋头苦"干"起来。它们就像没吃过饭一样,一吃一大片,不一会儿叶子就没了。民以食为天,蚕也不例外,要想蚕长大,必须多喂食物。

花开有时
Hua kai you shi

我是"大厨"

平时，都是妈妈做饭。而今天，我摇身一变，成了家中的"大厨"。

我要做的"大餐"是鸡蛋炒西红柿。首先准备好了两枚鸡蛋和一个红红的西红柿。我先把鸡蛋在桌角"啪啪"两下碰破，然后学着妈妈的样子把鸡蛋壳掰开，让蛋清和蛋黄流进小盆里。可就在这时，我的手一松，有好几片小蛋壳也掉了进去。这下我可慌了，想都没想，就用手直接去抓。旁边帮厨的妈妈看见了，急忙拦住我，说："你要干嘛呀？可不能拿手抓，要用筷子去夹！"说着，便拿起筷子熟练地夹出了碎蛋壳。我长出了一口气，可算是弄出来了。接着，我拿筷子在盆里笨手笨脚地搅拌起来，由于用力太大，蛋液都飞了出来，溅了一地。不过，鸡蛋总算打好了。

接下来该切西红柿了。我拿起刀，小心翼翼地一刀一刀地把西红柿切开。切完后，让妈妈来验收。妈妈看着我切的西红柿，哭笑不得，说："你太厉害了，把西红柿切成了条。"我仔细一看，可不是嘛！我切出来的西红柿又细又长，可平时吃的都是又粗又大的块儿，完全不是一个样。"没办法了，只能这样下锅了。"妈妈笑着说。

一切准备就绪，该下锅炒了。我把油倒进锅里，开了火，接着把蛋液倒进锅里。我想起了妈妈炒菜时的绝招——把鸡蛋颠到空中再接住，便想模仿一下。我单手抓住锅，一用力就把鸡蛋抛了起来，鸡蛋飞到空中，转着圈地落了下来。我慌忙去接，正好落在锅沿，差点掉到地上。这可把妈妈逗笑了："你还想颠个勺，这可是个技术活儿，以后可要小心哦！"我点了点头。

接着，我把炒好的鸡蛋倒进盘子里。锅里再放油，把西红柿倒进了锅里，西红柿一进锅就"滋滋"冒响，一个油点飞了起来，正好溅到我的手上。我"哇呀"一声大叫，可恶的油烫得我好痛。

忍着手痛，我把鸡蛋重新倒进锅里，和西红柿一起翻炒了几下，一股香气溢了出来，让人陶醉。但我不敢怠慢，又把提前准备好的半碗水倒进锅里，继续不停地翻炒。不一会儿，锅里出现了诱人的红色汤汁。我又放了一点盐，撒了一小撮葱花，大功告成了。

饭桌上，我的"大菜"不断散发着诱人的香味，金黄色的鸡蛋闪着光，红色的西红柿汤汁更增添了迷人的色彩。

"吃饭喽！"我把爸爸妈妈请来品尝我的"大作"。看着他们大口大口地吃着，心里有一种说不出的愉快。

做毛猴

五一劳动节那天，我和妈妈去了昌平的农业嘉年华，看到了许多从未见过的东西，真是大饱眼福。

我正好奇地东张西望，眼睛就被一个小展台吸引住了。这个小展台展示的是毛猴，一个个栩栩如生，有看书的，卖报纸的，吃西瓜的……凡是你能想到的，应有尽有。

这里不但展示毛猴，还能亲手做毛猴。妈妈也看见了，说："这个真好玩，你也做一个吧！"我也很感兴趣，赶忙坐在一旁的座位上认真听了起来。展台的老师跟我们说："你们看，这个像蝉一样的薄壳就是蝉蜕，是蝉脱下来的一层皮。用蝉蜕做头和四肢，玉兰花骨朵儿做身子，别弄错了呀！"我打算做一个看书的毛猴，于是选了一小段树枝，一个花骨朵，一个蝉蜕和一本书。我先用胶水把树枝粘到底盘上，还用劲儿按了

按。然后,将毛茸茸的玉兰花骨朵竖起来,再用胶水粘到树枝上。接下来,我用蝉的鼻子当做毛猴的头,粘到玉兰花骨朵做成的身子上。接下来就要粘腿了。毛猴的腿是用蝉蜕的后腿做的,但是腿上的鼓起是要向外的。我小心翼翼地看了半天,才分清左右腿。下一个步骤不是粘它的手,而是粘书。把书摆在它的胸前,形成一个45度角,然后用胶水粘住。最后一个步骤,把蝉蜕的前腿粘到身体上当作双手,捧住书。一个正在看书的小毛猴就大功告成了,它用双手捧着书,头朝向书的方向,两脚微微张开,再仔细看,书的封面上写着两个字:水浒。真是像极了一个爱读书的小孩儿。

中国的传统文化不但深厚,而且种类繁多,正等着我们去挖掘,五千年的历史和文明需要我们传承下去。

一架纸飞机

纸飞机看起来弱不禁风，可是却能飞得很远，而我也是个扔纸飞机的高手，这可都得益于我爸爸。

那是好几年前，我正躺在医院的病床上发呆。那时我刚刚做完一个全麻的手术，术后需要仰面平躺六个小时，不能翻身也不能侧躺。其实平时仰面躺着很舒服，但是一直平躺着，这滋味就不好受了。

正在我蠢蠢欲动的时候，坐在一旁"监视"我的爸爸突然站起来，跟我说："我出去一下，不许翻身呀！"看着急匆匆走出病房的爸爸，我猜不出他葫芦里卖的什么药，只能一边躺着，一边观察病房。房间像被牛奶泡过的一样，洁白的床，洁白的地面，洁白的天花板，只有天花板上贴着几只小熊，还不算单调。

正在我等得不耐烦的时候，爸爸神秘兮兮地拿着一大摞A4纸走了进来。他问："咱们来叠纸飞机吧？""太好了！"我回答，"那能叠牛头犬飞机吗？""啊？""那猎鹰飞机呢？""什么？""蝗虫飞机你肯定不会叠吧？"我的话把他搞晕了，这么多我胡乱编造的专业术语，他哪里会懂。"那好吧！"爸爸把纸拿了起来，说，"我们先来叠个牛头犬飞机！"爸爸像个小孩一样，一边叠，一边兴奋的说起了他小时候玩纸飞机的故事。不一会儿，就叠了一大堆。然后，他把叠好的飞机递给我，让我扔。我这下子可兴奋了，虽然平躺着不能动，但是手可以呀！一只，两只，三只……不一会儿，纸飞机被我扔的到处都是。爸爸还跟我比赛，看谁扔得远、扔得准。扔了捡，捡了

再扔，我们的笑声充满了整个病房，给洁白的病房添了几分色彩。到后来，爸爸已经累得满头大汗，没有任何力气了。

突然，爸爸宣布比赛结束，我正疑惑呢，他兴奋地说："时间到，你可以翻身下床了！"我愣了几秒，才反应过来，"耶！"我一骨碌爬起来，把手中的纸飞机使劲儿一扔，扔得太用力了，飞机竟然被扔出了窗外。

那架飞出窗外的纸飞机，载着爸爸对我的爱与希望，径直飞向蓝天。

校园一角——操场

我们的校园十分美丽，走进校园，可以看见喷泉、水车、四大名人雕像、喷水池等美丽的景物。但我最喜欢的，却是学校的大操场。

操场位于校园的最东侧，有两个足球场那么大呢！操场的东南角是学校的升旗台，一共有三级台阶，差不多有六个加大的课桌那么大，由深褐色的大理石砌成，十分壮观。升旗台上矗立着被太阳光照射得发亮的旗杆，像军人一样挺直身躯，不论经历多少风吹雨打，也一点儿不松懈。每当周一升旗仪式，看着那鲜红的国旗冉冉升起，我的心里总是充满了骄傲与自豪。

操场的正前方是主席台，每当有重大的活动，学校领导就会站在台上讲话。操场的中心场地设计的十分实用，一点也不浪费空间：竖着可以当三个篮球场，而横着的话还能当一个小

型的足球场呢！操场的外围部分是一个塑胶跑道，全长 200 米。跑道上面画的全是像血管一样密集的白色线条，那其实是赛跑时各种长度的起跑线和终止线。如果你对它不怎么熟悉，就不知道是什么意思了。我们的操场还有看操台呢，分成南北两个看台，中间被主席台隔开。看操台十分高大，坐个一千来人根本没有问题。远看看台，就像两个小型的彩色金字塔，既美丽又壮观，要是申请一下，说不定能评上"世界第一人造奇观"呢！

　　我们的操场无论何时都充满了欢声笑语。春天，同学们在操场上踢足球，打篮球，玩捉人游戏；夏天，同学们在积满了雨水的小坑里踩水，泼水，在刚长叶的小树下一边儿乘凉，一边比谁能跳起来碰到最高的树杈；秋天，操场就变得更加热闹了，踩树叶，贴叶画，还有人在跑道上"兜风"呢；冬天，等下了雪，冰块结得齐腰时，同学们就开始堆雪人，打雪仗，甚至有的同学奇思妙想，比赛看谁把脸贴在大冰块儿上的时间更长一点。

　　这就是同学们喜爱，既美丽得无与伦比，又充满了笑声的校园一角——操场。

花开有时
Hua kai you shi

麻小带来的诱惑

麻小，就是麻辣小龙虾的简称，只有真正的吃货才能听懂。而我对吃也挺在行的，讲点术语真不算什么！

为了让妈妈能带我吃顿麻小，我可是天天请求。最后或许是被我缠烦了，或许是她自己也馋了，终于答应带我去吃。

驾车到了目的地，我轻车熟路地找到了餐馆。站在门口，大招牌上"麻辣诱惑"几个字赫然成了一只只向我招手的麻小。

进了门，找好了座位，我直接把菜谱翻到第六页"麻辣小龙虾"。我兴奋地对服务员说："阿姨，点菜！""好，你要什么?""一份中份的豪华麻小,一份毛血旺,一扎乌梅汁,一份菠萝饭……"我一口气点了一堆我爱吃的菜。

"麻辣小龙虾来了!"随着一声清脆的上菜声,红艳艳的,淌着麻油的一大盘"麻小"被端上了桌。我迫不及待地把手套带上,想吃又舍不得吃,端详着这盘菜。小龙虾有14只,一只只有手心大小,全身被辣椒油涮了不知多长时间,星星点点有几块黄斑。盘子里闪着诱人的红光,小龙虾翘着鲜红的尾巴,把我肚子里的馋虫一下钩了出来。我双手握住龙虾,用力一弯,小龙虾便被"拦腰斩断"。我三下五除二地剥开了皮,白嫩嫩的虾肉露了出来。放进嘴里,滑滑的,饱满的,还有一丝呛辣的感觉,说不出的美妙。一只又一只,在风卷残云下,14只瞬间被我吃完了。

舔了舔沾满辣椒的手指头,一边吐出舌头喘气一边想:只是可怜了这几只小龙虾了。

幸运饺子争夺战

今天,我们家吃饺子。在包饺子时,有一个饺子里包进了一个腰果,谁能吃到腰果,他这几天就会很幸运。

一盘热气腾腾的饺子,被端到饭桌上。我狼吞虎咽地吃着饺子,生怕幸运饺子被爸爸妈妈吃去。而爸爸则眯着眼睛,寻觅着最像幸运饺子的饺子。如果看到了一个,一口吞掉,毫不留情。妈妈却跟没事一样,不紧不慢地吃着饺子,像平常一样。后来,我和爸爸同时发现了一个鼓着小包的饺子。可惜,爸爸反应接近光速,几乎一眨眼饺子就被爸爸夹走了。可是,爸爸夹走的饺子不是幸运饺子,幸运饺子还没有被吃到。就这样,已经吃了多半盘,还是没有找到那一个幸运饺子。最后八个饺子,我一连夹了两个,爸爸也吃了两个。我心想:只剩下几个饺子了,一定要吃到。马上就要考试了,吃个幸运饺子肯定能考个好成绩吧。

这时,妈妈哎呀一声:"我吃到什么了呀?"说着,她竟然从嘴里取出来一个咬了一口的腰果。妈妈高兴地说:"被我吃到了!"我失望的说:"抢来抢去,没抢的倒吃到了。"

但是,在考试时,我还是考了100分。我心想:运气不代表一切,自己的能力才是真实的。

花开有时
Hua kai you shi

一张旧照片

　　这是1931年8月28日,日本侵略者轰炸上海火车南站时,被外国记者拍下来的一张照片。然而,在这张旧照片背后,却有一段鲜为人知的故事……

　　这天,上海火车南站像往常一样热闹,来往的人川流不息,到处是一片繁华的景象。小王瑞一家正准备乘火车回武汉老家看望王瑞的爷爷奶奶。突然,火车站上空传来了一阵"嗡嗡"的响声,原来是日本轰炸机来轰炸了。大家一听,顿时乱作一团,只有两岁的小王瑞还笑着。爸爸立刻用他那双有力的大手抱起小王瑞,飞也似的向门外奔去。但是,时间不等人,王睿的爸爸刚跑到门口,鬼子的飞机就"轰轰"地将炸弹投了下来。人们便更乱了:"鬼子放炮了,快跑!""儿子跟着我!""爸爸!呜……"哭声,喊声和鬼子的炸弹声连成了一片。轰炸过后,到处一片狼藉：原本蔚蓝的天空，布满了硝烟；原本笔直的铁路，被炸得扭扭曲曲；原本干净的地面，现在却被砖瓦碎片遮盖。这时，传来一阵微弱的哭声，哭泣的人正是小王瑞。那哭声仿佛在质问日本侵略者："你们为什么要炸死我爸爸？为什么要让我无家可归？为什么？为什么！"

我想，小王瑞一定会被好心人所救，他一定不会忘记日本人的罪行。他一定会为那些同样无家可归的孩子，提供庇护所，并教育他要爱自己的祖国。

战争会使小孩失去父母，使老人失去孩子。据不完全统计，第二次世界大战使一千多万人永远闭上了眼睛，波及全球六十多个国家。所以我在此向全世界呼吁：救救孩子们，请不要再发动战争了，为战争敲响丧钟，让和平永驻人间。

习作篇——出行记

樱 赏

小园新种红樱树,闲绕花枝便当游

梦幻的青海湖

在祖国的西部，镶嵌着一颗巨大的蓝宝石——青海湖。在那里，有着我无限的遐想和憧憬。

早上五点，我们顶着夜空，便出发了。经过两个多小时的车程，到了青海湖。一下车，首先扑面而来的是一阵和风，吹拂在脸上，令人神清气爽。天空蔚蓝，万里无云，给人一种舒畅的感觉。旁边是油菜花田，油菜花随风摇摆，在太阳光的照耀下熠熠生辉。黄色的油菜花散发着诱人的清香，引着我走向湖边。来到了青海湖边，等待坐船。青海湖的水十分清，清得能一望到底，看到小鱼悠闲地游来游去。青海湖的水是那么蓝，不是像大海那样深沉的蓝，它蓝得清新，蓝得明艳，蓝得鲜活。放眼望去，就像是一只富有生命的蓝色精灵。

我们坐上船，没过一会儿，就到了二郎剑岛。岛上是平坦的大沙滩，长着几株小灌木。沙子是淡黄色的，不是土黄色。沙子细细的，用手捧起一把沙子，沙粒随风飘扬在天空之中。湖水衬着沙子，就像一幅风景画。沙子十分细，踩上去十分柔软，让人感觉十分舒服。在这时候，闭上眼睛，风吹着脸，沙子给你按摩，湖水轻轻地拍着小腿，所有的烦恼都会忘记。

在岛上待了一会儿，就要跟青海湖说再见了。坐上了大巴车，脑子里还满是梦幻般的青海湖。

晋 祠

这个暑假,我去了位于山西省太原市的晋祠。晋祠是为纪念晋国开国功臣唐叔虞而建的,距今已有 3200 多年的历史。

走进晋祠,就看见两棵古柏树挺立在大道两旁。它们都枝叶繁茂,树叶像一块块晶莹剔透的翡翠,闪着碧光。树干经历

风吹雨打，却依然屹立不倒。继续往前走，就到了金人台。金人台上，四个铜人各占一角，面色严肃，好像哪个人敢侵犯圣地，便严惩不怠。这样的气势，让我心中微微一震。如果它们和齐天大圣打起来，估计也能打个难解难分吧。

离开金人台，沿青砖路向前，远远地望见了一座奇特的桥。说它奇特，是因为它呈"十"字形，似一只展翅的大鹏。它像极了工人错看图纸的杰作，又像本来只有一座普通的桥，又从天上落下了一座。

走过这座桥，眼前便是一座大殿，牌匾上三个大字，名曰：圣母殿。不用进门，只在巨大的屋檐下横看，就能看见十几个历代的牌匾。放眼望去，只见八根木柱，每一根都盘着一条木头雕刻的龙。这些龙形态各异，有的仰天长啸，有的怒视上方，还有的沉思不语。八条龙，各有各的姿态，但都已经没了颜色，也残破得不成样子了。走进圣母殿，有一大排塑像。其中最栩栩如生的，便属左排中间的侍女了。她眉清目秀，胖瘦适中，最有神的便是眼睛。她的眼睛是一双丹凤眼，并不是圆眼，那眼中透着一种机灵，不仔细看，还以为是一个人站在了那里。

这古人的智慧，吸引了无数人。我漫步离开了晋祠，心却被它的精美所吸引。

巍巍绵山

绵山是清明和寒食两个节日的发源之地。当年晋公子重耳为了逃避迫害流亡在外。流亡途中，又累又饿，无力站起。随臣介子推用大腿肉给公子煮汤喝，救了他一命。19年后，重耳成了国君，重赏功臣，唯独忘了介子推，很多人为介子推鸣不平。可介子推隐居绵山，重耳放火烧山，要逼出介子推，哪知介子推被烧死。重耳便定这一天为寒食节，后一天为清明节。

我们乘游览大巴上山，随着弯弯曲曲的公路向前驶去。坐在车上，一个又一个的转弯口似乎是一个又一个的顽皮鬼。刚一个向左的急转弯，又一个向右的急转弯，身子在离心力的作用下左右摇晃，像是要被甩出去一样。不知不觉中，已经到了十分高的地方。透过车窗向外看，被吓得直冒冷汗——护栏外就是近千米高的峭壁，甚至可以看得见介休市的全貌。这才叫

习作篇——出行记

"会当凌绝顶，一览众山小"呀！

到一处，大巴车停靠在站台，站台上几个大字：大罗殿。我一下车就急着寻找大罗殿，抬头一看，原来大罗殿是建在山上一片天然的峭壁上，一共有四层，高耸入云霄。如果想上去，需要走很长一段台阶，才能到达大殿。我们马上爬上了台阶，开始还是三步并两步，可是后来却已经如背负千斤重担，正当累得直不起腰时，终于上了大罗殿的第一层。只见黄色的琉璃瓦在太阳的照耀下闪闪发光，屋檐下，几只神龙正盯着我们，栩栩如生。爬上第四层，视线豁然开朗，可以望见对面的山。

大殿被装饰得富丽堂皇，各种鲜艳的色彩绘于屋顶之上。可殿内却空空荡荡，别无他物，只有一尊雕像，是道教的最高神——三清大帝。只见他端然稳坐，散发出一种洞察世事的气质，令人多了几分敬畏。

游览了绵山景区，坐上了下山的大巴，随山路向下，又回到了景区的大门，心里也有些不舍。

夜幕下的圣·索菲亚教堂

在哈尔滨的中央大街旁,有一座古朴而又典雅的大教堂,它的名字叫圣·索菲亚教堂。历经了100多个春夏秋冬,它还是不改往日风范,承受着风吹雨打。

夕阳映照在教堂前面的广场上,泛起一道道微微的红光。

花开有时
Hua kai you shi

  一抬头,看见了古朴的教堂。教堂很高大,圆顶仿佛顶到了天空之上。窗户上也画着七彩的图案,华丽的颜色更显出了它的神秘。它像是一位雍容华贵的夫人,就这样优雅地静立了上百年。它不是金色,也不是白色,而是象征它悠久历史的黄棕色。圆顶都是青绿色,可绿色并不很亮,倒像抹了一层灰似的。

  天渐渐暗了,教堂亮起了灯光,换色的灯光一照,给整个大教堂平添了一股奇幻的色彩。走近大教堂,上面的青砖似乎在向你招手,忍不住去触摸一下这座教堂。教堂的砖并不很平滑,是坑坑洼洼的,仿佛诉说着它经受过的风吹雨打。天越来越暗了,夜空的深蓝色、灯光的黄色、老砖的黄棕色和圆顶的绿色结合成了一副水墨画,远看十分简朴,近看却也十分绚丽。这座教堂仿佛能让人穿越回100多年前,引人遐想。

  天渐渐黑了,喧闹的城市恢复平静,拥挤的人群也渐渐散去,只有教堂还在无声地倾诉着它昔日的辉煌。

"易碎"的玻璃

玻璃栈道大家都走过吧！但是最高最险的玻璃栈道，你们走过吗？去年国庆节，我就跟着家人一起去了位于平谷区的石林峡，体验了一回。

由于山太高，心太急，我们乘坐缆车上山。一路上，风不断地掠过耳畔，倏地又溜走了。我望着窗外的风景，眼睛一动不动的注视这遍野的绿，顿时心旷神怡。可突然想起身在数十米的高空，不禁打了个冷颤。

坐了约摸一刻钟，才到达了山顶。一开缆车的门，手就不禁攥成了拳头，额头上也有些湿凉。走近玻璃栈道一看，是悬空凸出去的，形似一个大大的棒棒糖，糖心却是空的，感觉像是在空中画了一个圈。走上"棒棒糖"的棒儿，一点也不害怕，还能使劲儿地蹦跳起来。越往前走，脚下的玻璃就离地面越远，

有不少人已经惊得伏下身子行走了。

再往前走到"棒棒糖"的圈上。眼中厚达四寸的玻璃,早已经变成了岌岌可危的碎玻璃。我已经吓得胆战心惊,但还是强打精神慢慢儿地向前挪。到了最外面的部分,我干脆坐在了"岌岌可危"的玻璃上,望着下面高高的山涧,一步也不敢挪了。坐在上面,能清晰地感受玻璃的震动,感受到微微的摇晃。而此时的我,已经仰面躺了下来,感受清凉的山风,望着如洗的碧空,我仿佛变成了一只大鸟,翱翔在天空中。

这种经历,可能一生也没有几次,我心中充满了对大自然的敬畏。

我的研学之旅——台湾

热情的同学，宽敞的教室，吵闹的夜市，空气清新的农场，味道超赞的珍珠撞奶……这一幕一幕的情景，像老式的放映机，在我的脑海中循环播放。这七个日夜所经历的酸甜苦辣，以及懂得的一个个道理，我永远也无法忘记。

拖着重重的行李箱，迈开疲惫的双腿，2016年10月28凌晨0点15分，我们正式抵达台湾。刚一出机场，一股热浪扑面袭来，被北京寒雨所淋湿的身子，也暖了起来。与此同时，我立刻被当地人的热情所感染——两个陌生的叔叔脸上挂着笑容朝我们走来，就像迎接老朋友一样。毫无疑问，这就是我们未来七天的向导——戴叔叔和吕叔叔。几句蹩脚的普通话，几个亲昵的动作，我们很快像一家人一样了。坐着大巴车来到宾馆，澡都没顾得上洗，换上睡衣趴在床上，便进入了梦乡……

　　来到台湾，吃是必不可少的。在夜市上，最畅销的珍珠撞奶可不能放过。我和随行的两个台湾小朋友一人买了一杯，据台湾小朋友说珍珠撞奶经常开摊儿不到一小时就被一抢而光。我刚吸了一口，嘴里就塞满了珍珠。咬一口，珍珠立马一分为二，味道甜而不腻，比北京的珍珠奶茶软多了。还有清凉解暑的艾玉，豆味儿十足的豆腐冰淇淋，超级好吃的番石榴……这些美食，想想都会直流口水的！

　　我们可不能仅仅做个小吃货，我国台湾地区的文化还是要学习的。繁体字让初到台湾的我们晕头转向，不过后来好了许多。繁体字还让我们闹了不少笑话，什么酱院（醫院），什么腾利（勝利），诸如此类的太多了。不过，我觉得繁体字才是原汁原味的汉字，毕竟人家也有几千年的历史了。

早听说当地人的热情，这回可是百闻不如一见。无论是中山小学、永定小学，还是仁爱小学、复兴小学，每次走进校园，欢迎我们的声音把天都能震塌了。台湾的小朋友每次都主动与我们聊天，很快我们就打成了一片，欢天喜地地玩了起来。他们都很大方，一点也不拘束，还给我们送礼物，那情形就像见了亲人一样。

这几天里，在当地人的感染下，我也渐渐变得热情、开放、礼貌、自信。我发现自己的变化之后，也十分惊讶。不过，最有发言权的，当然是跟随我们七天的戴叔叔。戴叔叔在我们马上要离开的时候说:"这几天看你们每天都在分享自己的体会,我也来分享分享。第一天我帮你们搬箱子,你们就傻傻地看着我,也不说也不动。今天帮你们搬箱子,每个人都说了一声:'谢谢!'我感觉你们真的长大了。"

出了首都机场,迎接我们的是瑟瑟寒风,虽然回到了北京,但台湾的经历依然在我心中。

诗歌篇——现代诗

荷 文

小荷才露尖尖角,早有蜻蜓立上头

"时光"号列车

从出生的那一刻起
我便拿着一张名为"未来"的车票
一步迈进"时光"号列车

列车不会倒退
即便是停站
也只是短短几秒
不过我深知
它会通往另一个世界

一节车厢很长
装载了许多人

我认识了形形色色的人

见识了车窗外不同的风景

不过我很奇怪

前一秒的事情

似乎永远无法再经历

这是为什么

后来我才知道

那一位名为"时光"的列车长

能推动整个列车向前飞驰

谁也没他劲大

他还会魔法

能把小孩变成青年

把青年变成老人

老人最终抵达终点站

我不太喜欢这个魔法

于是我问他

能不能把老人从终点站变回呢

他遗憾地摇了摇头说

对不起,我不能

当我逐渐长大

突然有一天

我意识到我在列车上的时间

已经越来越少

我也意识到

我来到这个列车上

也终会抵达终点站

我奔跑在列车里

问遍了整个列车的人

可是谁也说不清

为什么时间跑得这么快

于是

我又找到了"时光"

问他

为什么时间跑得这么快

他笑着对我说

因为时间跑得快

所以你一定要去追

直到有一天你会比他跑得快

也许你反而会震惊

我其实可以不跟在时间身后的

我可以看到更多的美景

我可以拥有属于自己的天空

等你跑到跑不动了

坐在石头上休息

看着跑过的路

你不会惋惜

而是幸福、快乐

我听了他的话

发现现实不正是如此

虽然列车终会停站

在列车上的几十年也似乎没有发生过

但若能超越时间

快乐会成倍增加

花开花谢

春天过去了

潮起潮落

夏天过去了

叶生叶舞

秋天过去了

霜飞霜降

冬天也过去了

在这列车上

我以无数次叹息换了知识

我以无数回沉默换了见识

我又以知识和见识

换了一丝在列车上存在过的痕迹

纵然是一丝

也足够在历史长河中迷茫的我

拥有小小的一叶扁舟

草 坪

碧碧的小草摇着

伴随着孩子们的歌声

在草地翻滚

也不管身上沾满了花香

兴奋地叫着

却被石头小弟绊了个狗啃泥。

沙滩

海浪追逐着脚印

贝壳一直笑个不停

一座城堡坐落在沙漠

不知何处的怪兽踩毁了它

正准备重新修理

一声"哗"从远到近

工匠变成了落汤鸡

雪 地

杏花从天上徐徐飘落

在地上伸了个懒腰

几只"小猴"在花丛里闹着

捧起一捧杏花

高高扬起

却把自己浇了个透心凉

自由活动——偶遇

绿茵场上十小童

严阵以待起微风

一人进球众人笑

原是踢进自家中

跟我走,去夜市

跟我走,去夜市

夜市的喧闹也回荡耳边

红绿的招牌会叫你流连

别客气,台湾的热情无限

河似的人流蜿蜒

随处可见的小贩正在交谈

在这里宾至如归

脚步都忘了挪

乌龙面味道超赞

凤梨酥入口即化

豆腐味的珍珠撞奶味道香甜

嘴巴一刻也不能闲

在人流中四处转转

耳边充斥着老板们的呼喊

这声音传遍台湾

笼子里的小乌龟吓破了胆

夜市里，有台湾的记忆

夜市里，有中国的痕迹

跟我走，去夜市

寒窗苦读

一窗寒月一剪梅

一笔一砚一书生

一盏孤灯一明镜

一卷诗书伴一生

孤 灯

人尽去

只余一盏孤灯

灯光明灭

却是一曲寂静朦胧

灯绳仍晃动

光明却无声

此夜此灯

今夜无眠

花开四朵

杏

她只是摇啊摇

摇出了一头白发

这是玉一般无瑕

晶莹得如雪

夹杂着那第一场春雨

吟着春天的歌

荷

扬着她微粉的红颊

用水揉成了团团晨露

仙女散花般撒了出去

甘润着夏日里的万物

花蕊也散着香气

随风吹进了每个人的心中

菊

淡黄绘出的美景

染出了收获的颜色

花瓣千层百叠地排着队

悠然自得地画起了画

她笑开了花

引得虫儿阵阵流连。

梅

傲立在冰雪天地
寒霜也打不动顽强的心
燃烧着的红色花瓣发着光
点亮雪的世界
冬天的最后一场雪
也摇不动那抹红霞

花开有时
Hua kai you shi

随他去吧

都随他去吧

随他去吧

这世界如此美好

烦心事还能有多少

都随他去吧

随他去吧

看看天上的朵朵白云

他们多么可爱

多么快乐

草地上的芳香沁人心脾

花儿早已乐开了怀

这碧碧的草随风摇曳

吟着轻松的小诗

大海里的贝壳念着故事书

螃蟹用钳子轻轻地鼓起了掌

鱼儿舞着红红的裙子

嘴里哼着好听的歌

树上的鸟妈妈衔着细木枝

左摇右晃地指挥起来

小鸟们不合拍地唱着

却像举行音乐会那样认真

都随他去吧

随他去吧

让烦恼消散在风中

让快乐吹满整个世界

花开有时
Hua kai you shi

大地上的昼夜交响曲

我想闻见晚霞的胭脂味

却没有发现

它已经消散

在那

静悄悄到来的昼夜中

黑黑的

却也抓不住

围着星辰

罩住了一切光亮

月亮被天狗咬下了一半

无声地哭着

散落了漫天的泪珠

正在这天地间

"润物细无声"

雨夜里的一切

都在深深的睡梦里

丝毫不在意天上落下的珍珠

月亮和星星被珍珠掩盖

而黑暗却紧紧抱着珍珠

它的光泽被抹消

只剩下一片黑暗

珍珠被撒完了

星星和月亮也慢慢地离开了

黑暗会最后退场

花开有时
Hua kai you shi

一抹鱼肚白

将噩梦照得没了影儿

世界正在变白、变热

像是在叫太阳公公

不让他赖床

又是一个美好的白昼

昨夜呢

似乎又成了历史

神仙来了

今天的天气刚刚好

刚刚好

微云覆顶

天露流华

定是神仙来了

我只听见神仙吹声哨

风儿便被唤来

青丝一阵廖乱

清凉自八方袭来

那是风儿太热了罢

竟把云给吹来了

花开有时
Hua kai you shi

白色的天纱轻舞

烈阳便被挡了

那是神仙吗

轻轻地离了

不带去一缕云霞

只沾了半衣清凉

诗与远方

大海啊
珍藏你的浪花
请让它跟着我
跟着我去远方

你轻轻吟着的
不正是大自然的心声
我要把它写下来
随风飘向远方

诗人还坐在船上
不要吝啬你的歌声
温柔的波
是他最好的远方

花开有时
Hua kai you shi

大海啊

远方在哪里

很远吗

或近在咫尺

哪里都是远方

对诗来说

对诗人来说

哪里都是远方

大海啊

远方是有诗的地方

那里是美的

美得令人窒息的地方

诗人还在寻找远方

请你用浪花帮他吧

蓝色的浪漫

自有诗与远方

用你心灵深处的美丽

去感动诗人吧

对诗人来说

美的永远是远方

我不曾摘一朵花给你

但现在你看到了

我灵魂深处的美丽

正是送给你的

诗人啊

如果大海无端入你的梦

请不要惊讶

因为

生活不止眼前的苟且

还有诗与远方

花开有时
Hua kai you shi

食物的战斗

那天
巴蜀大侠棒棒鸡
和乐山道士麻辣兔
在华山论剑

你啃我一口
我咬你一嘴
吃了个不分上下

我想吃的

老板

我想吃蒸羊羔、蒸熊掌、蒸鹿尾儿、烧……

实在不行

一碗面条

也能满足我可爱的胃

诗歌篇——古诗文

梅 见

天涯也有江南信,梅破知春近

古籍导读 —— 王欣夫

天净沙·磨砺

飞扬冰雪之上

又无半点慌张

笑容脸上荡漾

谁知台下

头涔涔泪潸潸

天净沙·悟空

出世大闹天宫

定海神针手中

五百年悟五行

魑魅魍魉

奈俺老孙如何

天净沙·公明

只盼及时之雨

化春风拂梁山

统率无数士兵

英明一世

只叹死不瞑目

花开有时
Hua kai you shi

天净沙·学子

莘莘学子座中

书本叠成长龙

耀阳晴天暖风

孤灯摇曳

怎能半日学成

天净沙·俱伤

金戈铁马沙场

银盔铜甲抵挡

木弩石箭叮当

一声令下

多少将士身亡

花开有时
Hua kai you shi

天净沙·往复

春风带雨沥沥

夏日如火烈烈

秋月思乡皎皎

冬雪飞扬

凉矣冷矣寒矣

天净沙·麻小

须红眼乌尾长

辣味四溢喷香

一口辛味入心

昔日往时

也乃龙宫一将

十六字令·雪

雪,一触轻柔皎似月

白云里,亦箭亦风也

一剪梅·雪扬风中

白雪寒冬映小童

纷扬大雪,南北西东

笑语欢声入风中

谁道寒冬,难有欢声

小童嬉戏白雪中

风中驰骋,笑脸通红

伴有欢声解霜冻

我道冬寒,却有欢声

花开有时
Hua kai you shi

水调歌头·滑雪

皑皑天上白雪,铺为滑雪道

山上树林间,听得白龙吟

忽见一人飞下,落得稳稳当当

如梦如幻如虚

风中疾落"马",难言痛苦情

抖细雪,肃然立,定心决

钢杖红心,终于办事成大功

扬手倚天大笑,庆幸驾驭冰雪,自喜扬扬得意

疲累虽在身,难言欣喜情

卜算子·奇缘

冰雪一朝冻

冠军十年成

最是时间磨砺人

身姿尽柔美

开学话张丹

才聚即分离

谁能不懈忘伤痛

唯心不弃之

诗歌篇——古诗文
Shi ge pian——Gu shi wen

花开有时
Hua kai you shi

孔　府

辉煌大殿，七彩映天间
谁知已千年？沧桑忽见
精巧门楣，麒麟立两边
书香却不改，引人流连

孔　庙

儒学蕴有千百年
无数衍圣公
旨在画风雕龙
谨记"居处恭"

香火炉内九十支
历代君王帝
需得颔首鞠躬
不忘"与人忠"

花开有时
Hua kai you shi

孔 林

几代圣人葬林中
魂牵梦绕意重重
忠臣壮士笑酒泉
乍见云雨泪蒙蒙

满江红·吃货

一朝清晨,早饭来,狼吞虎咽。愿冬去,瓜田遍地,清凉解暑。山中走兽云中雁,陆地牛羊海底鲜。虽药苦,饿至急时,可充饥!

炒烧炸,以武火。蒸熬煮,以文火!俱牛羊肝胆,杂以食之。天上飞龙地上驴,鸳鸯锅火烧鸡。青烟里,成多少佳肴?吾肚中!

醉花阴·刀削面

薄面浓汤煮水熟,一口忘忧愁。

千削百沸后,酸咸可口,黄汤配红肉。

白面精煮热心头,锅前百遍揉。

岂有止口时?碗上叠碗,体态难见瘦。

红烧肉说

肉之上品,猪也。猪之上品,五花肉也。五花肉之里,吾最喜红烧。

凉水冲之,后刀切为块。其一块,不大不小,不方不长,而需肥中带瘦也。再以小火熬之,除其秽。入油,以糖、酱、八角而配。方为佳肴矣。

上正桌,溢香气,色红润,曰:"此不为食,而乃艺也!"入筷,以三成之力而取,预其应筷而断。入口无论老小,皆可用牛毛之力咬也。此非咸之最,却甜;此非腻之最,却软;此非红之最,却美。

肉兮,不以红烧,可称其为肉也矣?

感叹号

长兮直兮,一点在下。
喜兮怒兮,一点即通。
巍巍雄山,直竖云端。
绵绵瀑水,溅于河上。

沁园春·胡同

　　吾观一剧，触心动泪，委实佳品。小儿迷于戏，不误学业；其母事忙，催其研学。气余而逃，奔赴胡同，争于老人之庇护。其老病，因护子而装，使其和睦。

　　终之久久回忆，本身是否厌学愁题。与家长之情，不比其矣；邻里之睦，难经一比。惭羞之余，夜被而忆，须如血与肉相息，人尽之，看我之河山，谁人不提。

五指争功

月夜，五指争高下。

小指曰："吾虽小，却不可少。琴笙笛，无我不能通。"

中指曰："五指之中，吾乃最高，又有左右双指为屏，此不为天意也？"

食指谓中指曰："尔虽为尊，却有何功？吾整日受苦，伤已累累，无功劳也乃苦劳！"

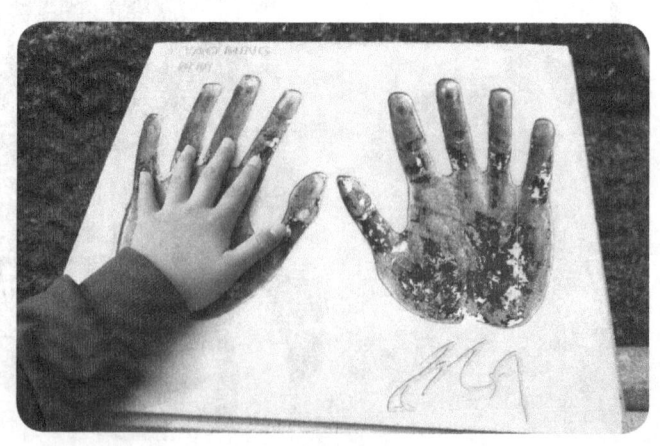

无名指心有不平,曰:"吾做事之细,尔不能比。尔整日受苦,却也无用。"

四指于掌上争闹。

大指喊曰:"如此争闹,成何体统?尔等单单一指之力,又何能居上于拳?"

四指听之,惭道:"吾已通晓。"

结　语

花开有时

歌德曾说：我一见到花，就不由地停下了脚步。可见诗人对花的喜爱。人们喜欢花，欣赏花，赞美花，喜欢它的千姿百态和香气。然而这些都是外在的美，可以看得见，摸得着，嗅得到，人人都能欣赏的。有谁静下心来倾听花开的声音？了解花的想法？每一朵花都在讲述自己的成长史，在歌唱春天，感谢清风明月的青睐，感谢阳光雨露的滋润。花都是美的，要懂得欣赏，学会欣赏每一朵花。

一个班级就是一个百花园，每一个学生就是一朵花。无论他们成绩如何，都是班里的一个分子，都在为班级默默地努力着，都是一朵朵美丽的花。作为教师，特别是班主任，要时刻

结 语
Jie yu

关注着每一朵花的成长,给他们一颗爱心。他们的每一点进步都应给以鼓励,每一次微笑都应有所反应。听他们内心的忧伤与快乐,听他们心里的呼声,听他们成长中的困惑。如果我们能以这种心态对待每一朵花,每一个学生,那么还有哪一朵花不美,哪一个学生不可爱呢?

这本小集,是李智坤几年的耕耘,终于有了沉甸甸的收获,收获了一份份的甜蜜和幸福。这朵朵美丽的花,每一朵花都凝聚着他的心血和汗水,每一朵花都绽放着孩子的笑脸,每一朵花都散发着淡淡的清香。

尽管李智坤同学的声音还很稚嫩，可能不够优美，甚至歌不成调，但依然是最美的声音。有谁会嘲笑孩子咿咿呀呀的歌唱？又有谁不认为那是自然界中最动听的声音？只有慢慢地看，静静地赏，细细地品，才会看到每一朵花都与众不同，每一朵花都是那么可爱娇艳，每一朵花开的声音都是那么美妙独特。

听，花开的声音
半倚窗前感受
爱的温暖与清风低语

结语

孕育了一个冬季的梦

听,那是花开的声音

风轻水柔般漫过

似夜在梦中的呓语

几丝细雨飘落

化作一串串晶莹的露珠

斜躺在花瓣之上 柔柔

听,那是花开的声音

在月夜里萌动

在星辰上闪耀

一缕微风拂过

引得露珠随花儿舞蹈

滑落在茎叶之上

听,花开的声音

随小溪潺潺

伴碧柳依依

偶然低头沉思

笔尖流泻出一首首小诗

曾经留下的努力

那是花开的声音

一颗简单的心

在花开的声音里收获幸福

花开的乐音纯美依旧

                            班主任　张付祥

                            北京第二实验小学永定分校